AF595303

NOTE

SUR

L'EXPANSION ANGLAISE

AU

YUNNAN

Par ⁂

PARIS
LIBRAIRIE MILITAIRE R. CHAPELOT ET Cie
IMPRIMEURS-ÉDITEURS
SUCCESSEURS DE L. BAUDOIN
30, Rue et Passage Dauphine, 30

1901

Tous droits réservés.

NOTE

SUR

L'EXPANSION ANGLAISE AU YUNNAN

I.

CONSIDÉRATIONS GÉNÉRALES SUR LA POLITIQUE ANGLAISE AU YUNNAN.

Dès leur installation dans le delta de l'Iraouaddy, après le traité de Yandabo, les Anglais ont eu pour objectif l'accaparement du commerce de la Chine méridionale. Le grand fleuve birman leur paraissait une magnifique voie destinée à drainer les produits du Yunnan dont on vantait la richesse et que de nombreuses caravanes feraient affluer à Bahmo par la « grande route des Ambassadeurs ».

Pendant plus d'un demi-siècle ils s'occupent avec patience à raffermir leur situation dans la péninsule indo-chinoise, à créer dans la vallée de l'Iraouaddy des intérêts britanniques (négociants à Mandalé, Iraouaddy Flotilla, Bombay Burma Trading Company), à diriger enfin vers les routes sino-birmanes des missions chargées d'étudier les ressources des régions chinoises et chans. La crainte d'une concurrence commerciale par le fleuve Rouge, conséquence de notre installation au Tonkin, la politique imprévoyante et aveugle suivie par l'usurpateur Thibau, la connaissance qu'on avait acquise des contrées limitrophes de Birmanie, décidèrent le gouvernement britannique à brusquer les événements. La conquête de la Birmanie indépendante peut être donnée comme un modèle de déloyauté diplomatique et de précision militaire qu'il semble inutile d'analyser ici ; le 1er janvier 1886, la domination anglaise s'étendait jusqu'à Bahmo.

Le cabinet de Londres et le gouvernement des Indes n'avaient fait qu'obéir aux injonctions des Chambres de commerce de Rangoon et de Liverpool ; mais la conquête économique de la Birmanie et du Yunnan n'était déjà plus considérée comme un avantage suffisant. Les appétits avaient grandi ; le problème à résoudre était ainsi posé : relier Rangoon et Shang-Haï par une voie exclusivement britannique.

Aucun des voyageurs anglais n'avait, en effet, présenté le Yunnan comme un Eldorado ; mais tous démontraient qu'il est le vestibule du bassin supérieur du Yang-Tsé, signalé comme le vrai but à atteindre. La longue série de rapides qui s'étend d'Ichang à Chun-King partage en effet le cours du Yang-Tsé en deux biefs navigables bien distincts. Dans le bief supérieur, long de plus de 700 kilomètres, viennent affluer toutes les rivières qui seraient grands fleuves en Europe et qui, sillonnées par d'innombrables jonques et sampans, donnent au Sé-Tchouen un admirable réseau de voies commerciales. Le débouché de cette grande et riche province, peuplée de plus de 60 millions d'habitants, est ainsi sur le Yang-Tsé supérieur, que l'on a cru longtemps sans communications pratiques avec la mer.

Il fallait donc créer à travers le Yunnan une route sûre et rapide reliant la Birmanie au moyen du fleuve Bleu, faisant de Rangoon l'issue commode des provinces riveraines et du Sé-Tchouen en particulier.

Les rapports de Margary, Bourne, Yuk, Brown, Colquhoun, Hallet, Baber, etc., etc., faisaient ressortir l'importance diverse des voies donnant accès dans ces riches régions : fleuve Rouge, rivière de Canton, fleuve Bleu, Bahmo, Ta-Li. Nous étions les maîtres de la première par droit de conquête et par la convention de Pékin 1887 ; la deuxième, malgré Hong-Kong, est trop excentrique ; mais les négociants anglais tenaient les débouchés des deux autres dont la supériorité paraissait évidente. Tous les efforts de la diplomatie tendront désormais à faire disparaître les obstacles politiques et matériels qui peuvent gêner l'active expansion du commerce et de l'industrie britanniques. Ces efforts seront exercés d'une manière progressive du sud vers le nord, de l'ouest vers l'est, avec une habileté, une patience et une fermeté qui finissent par avoir raison des préventions et de la routine chinoises.

Le traité de Pékin (31 mars 1890), modifiant sur le Yang-Tsé la convention de Chefoo (1876) au profit des bâtiments naviguant sous pavillon anglais et ouvrant Chun-King au commerce, était la conséquence de la convention de Londres (25 avril 1887), qui réglait la question des Kachins et sauvegardait l'amour-propre chinois en maintenant provisoirement le principe des ambassades. Plus tard, l'ouverture complète du fleuve à la navigation européenne, les négociations mettant fin à la guerre sino-japonaise, l'échec de nos revendications à Shang-Haï, l'accord anglo-allemand et la convention anglo-russe de 1899, semblent avoir entièrement placé la vallée du fleuve Bleu dans la « zone d'influence » de l'Angleterre. Malgré des tentatives particulières (sociétés de navigation fluviale allemandes, japonaises et même chinoises, installation de quelques commerçants, industriels français, allemands, japonais ou russes à Han-Kéou et Chun-King), on peut affirmer que les Anglais sont aujourd'hui les maîtres de la route vers la Chine centrale, par la vallée du Yang-Tsé, grâce à leurs chiffres d'échanges et à la présence de leurs canonnières. Ils posséderont de même seuls la route méridionale, si leurs locomotives traversent le Yunnan avant les nôtres. Les résultats qu'ils ont déjà obtenus pourraient faire croire à la réalisation prochaine de leur rêve.

II.

INSTALLATION DES ANGLAIS DANS LES ÉTATS CHANS. — CONVENTIONS AVEC LA CHINE ET LA FRANCE ; DÉLIMITATIONS. — EXÉCUTION DES CHEMINS DE FER PAR LE GOUVERNEMENT. — CHOIX DE LA LIGNE DE PÉNÉTRATION AU YUNNAN. — CONVENTION AVEC LA BURMA RAILWAY COMPANY.

Installation des Anglais dans les pays chans. — Le renversement de la dynastie des Allompra s'effectua sans trop de difficultés dans la vallée de l'Iraouaddy.

Les navires de la compagnie de navigation, les canonnières, étaient des agents de répression qui brisaient rapidement toutes les résistances. Il n'en fut pas de même dans les États chans et dans la région au nord de Bahmo, qui, par leur caractère montagneux, la rareté des voies de communication, l'humeur guerrière des habitants, furent pour les nouveaux conquérants le théâtre d'expéditions nombreuses et sanglantes. Les princes chans ou Sobos regrettaient la suzeraineté peu gênante des souverains birmans ; ils craignaient de se voir dépossédés à leur tour. Le gouvernement des Indes sut adopter à leur égard une politique sage et clairvoyante. Il fallait endormir les méfiances, en assurant aux chefs indigènes le maintien de leur autorité, jusqu'au jour où l'ouverture de nombreuses voies de communication permettrait de supprimer sans trop d'ennuis et de pertes les vestiges de l'indépendance nationale. Par le Shan's States Act, rendu en 1888, les États chans furent groupés en deux confédérations : celle du Nord et celle du Sud, ayant à leur tête des superintendants, chargés de contrôler l'administration des Sobos, qui restaient en réalité maîtres chez eux. Le nouveau gouvernement suivait ainsi l'exemple de la Chine et du Siam, qui laissent une indépendance presque complète aux peuplades de race chan.

Conventions avec la Chine et la France. — Délimitations. — Lorsque l'œuvre d'organisation fut à peu près terminée, le gouvernement anglais étudia la question de voisinage. La délimitation avec le Siam assurait à la Birmanie la plupart des points de passage du Mékong pour les caravanes circulant entre le Yunnan et Xieng-Mai, c'est-à-dire entre le Yunnan et Bang-Kok, dont nous avions perdu l'espoir de nous rendre de nouveau les maîtres. Les négociations avec la Chine, terminées par le traité de Londres (31 octobre 1894), devaient avoir une importance plus considérable encore. Les principales clauses de ce traité sont les suivantes :

A. *Délimitation.* — En échange de cessions chinoises dans le Theini, au sud de Bahmo, l'Angleterre abandonne les droits birmans sur Muong-Lim et Xieng-Hong au sud de Ssemao, à condition que la Chine ne cède ces pays à personne.

B. *Commerce.* — Pour développer le commerce, toutes les marchandises *transitent librement* par terre entre la Birmanie et la Chine, excepté le sel (Chine) et le riz (Birmanie). Pour les relations internationales, les droits seront inférieurs aux tarifs généraux de 3 p. 100 à l'exportation et de 4 p. 100 à l'importation.

Un consul chinois est accrédité à Rangoon, un consul anglais à *Manwyne (Tengyueh)*, à l'est de Bahmo.

Les Anglais n'avaient sur Xieng-Hong que des droits fondés en grande partie sur des racontars d'indigènes (voir les rapports de M. Bourne), mais *en échange de ces droits ils acquirent la* certitude que Xieng-Hong ne nous serait pas cédé. On *considérait en Birmanie cette ville comme ayant une grande importance*. C'était le point de passage obligé d'une ligne ferrée venant, soit de Bang-Kok, soit de Rangoon, pour aboutir à Ssemao que l'on croyait encore un centre commercial, point d'attraction d'innombrables caravanes. Les dispositions libérales du traité devaient les attirer sur le territoire anglais, les détourner des possessions françaises, enlever ainsi à la route du fleuve Rouge, encombrée de barrières douanières, une partie de sa supériorité, transporter enfin à Rangoon la clef du Yunnan.

Pour l'exécution, dans ce pays, de projets encore imparfaitement étudiés, mais en tous cas nuisibles à notre expansion, les Anglais eurent, en outre, l'art de s'assurer notre coopération morale. Le gouvernement britannique profita de la *liquidation de la question* siamoise pour faire insérer dans la convention de Paris (1896), un article qui pourra être invoqué contre nous quand le moment sera venu d'exhiber de nouveau les coutumières tirades sur notre « politique d'obstruction et de coups d'épingles ».

Cet article est le suivant :

Article IV. « Les deux gouvernements conviennent que *tous les privilèges et avantages commerciaux, concédés dans les deux provinces chinoises du Yunnan et du Sé-Tchouen*, soit à la France, soit à la Grande-Bretagne, en vertu de leurs conventions respectives du 1er mars 1894 et du 20 juin 1895, et tous les privilèges et avantages quelconques qui pourraient être concédés par la suite dans ces deux provinces chinoises, soit à la France, soit à la Grande-Bretagne, *seront autant qu'il dépend d'eux étendus et rendus communs aux deux puissances*, à leurs nationaux et ressortissants, et s'engagent à cet effet à user de leur influence et de leurs bons offices auprès du gouvernement chinois. »

Ces dispositions et engagements ne seront pas détruits par la convention franco-chinoise d'avril 1898. Le gouvernement de

Pékin a bien autorisé la construction par une compagnie française d'une voie ferrée reliant le Tonkin et le Yunnan, il a bien promis de n'aliéner cette province à aucune nation européenne. Cette assurance est toute platonique et ne l'engage à rien : la concession du chemin de fer n'est pas un monopole; les Anglais peuvent en demander une semblable et nous devons moralement leur donner notre appui pendant les négociations.

Les questions de voisinage ainsi réglées, les gouvernements anglais et chinois ont procédé d'un commun accord à la délimitation des frontières. Les commissions fonctionnent régulièrement depuis 1896 ; si nous en croyons les journaux birmans, l'urbanité la plus exquise ne cesse de présider aux relations entre les commissaires.

Les officiers anglais sont même autorisés à pousser des pointes fort avant dans le Yunnan, et leurs observations fournissent un appoint notable à la somme des connaissances acquises sur la province par les grandes missions d'études techniques des chemins de fer sino-birmans.

Exécution des chemins de fer par le gouvernement. — Ces chemins de fer existent déjà en Birmanie, et, chose qui chez nous semblerait extraordinaire, ils font plus que leurs frais. Avant l'annexion de la Birmanie indépendante, S. Arthur Phayre, chief commissionner, avait fait approuver (1882), la construction du railway Promé—Rangoon, long de 269 kilomètres, auquel on prédisait le plus sombre avenir ; malgré la concurrence des voies fluviales, le succès dépassa toutes les espérances. Dès la prise de Mandalé (1885) les ingénieurs s'étaient mis à l'ouvrage suivant un programme bien établi. Il fallait créer une artère centrale dans le bassin de l'Iraouaddy, doublant le fleuve ; rattacher cette grande ligne aux voies ferrées de l'Assam, et par suite de l'Inde; greffer des embranchements, pénétrant peu à peu dans les États chans, pour faciliter la pacification et la mise en valeur de ces pays ; la prolonger enfin à travers le Yunnan jusqu'au Yang-Tsé. Pour l'exécution de ce programme, le gouvernement des Indes, d'accord avec le secrétaire d'État, estimait que les ingénieurs de l'État sont plus aptes que des compagnies à construire des lignes ferrées dans un pays de conquête récente, mais que des compagnies dirigent mieux une exploitation que l'État. Aussi, dans l'existence du réseau birman, y a-t-il deux phases bien distinctes : création par le gouvernement ; exploitation et extension par une compagnie.

Les travaux furent conduits avec une grande activité. Le tableau suivant montre les progrès du réseau entrepris jusqu'à l'ouverture de la 2e phase :

ANNÉES.	LONGUEUR EN KILOMÈTRES. Totale.	Construite dans l'année.	CAPITAL EMPLOYÉ (en francs).	BÉNÉFICES NETS sur l'ensemble.	BÉNÉFICE POUR CENT.
1882	269	»	16,625,000	788,037 50	4,73
1883	269	0	17,375,000	690,457 50	3,97
1884	418	149	26,000,000	1,026,743 75	3,94
1885	536	118	34,000,000	591,278 75	1,37
1886	536	0	34,750,000	1,179,088 75	3,38
1887	536	0	35,750,000	1,947,877 50	5,43
1888	631	95	43,625,000	1,589,951 25	3,64
1889	890	269	64,000,000	1,961,940 00	3,07
1890	895	5	64,125,000	2,935,238 75	4,57
1891	978	83	64,625 000	2,964,238 75	4,57
1892	1154	176	78,500,000	4,232,735 75	5,38
1893	1175	21	79,000,000	2,803,115 00	3,54
1894	1183	8	81,000,000	2,904,161 25	3,58
1895	1344	161	[illegible] 250,000	3,378,082 50	Plus de 4 0/0

Choix de la ligne de pénétration au Yunnan. — En même temps de nombreuses missions étaient chargées de reconnaître la meilleure voie de pénétration au Yunnan.

La route préconisée était Bahmo—Ta-Li-Fou, par la vallée du Taï-Ping, sur laquelle Margary avait trouvé la mort, le « chemin des Ambassadeurs », la « voie d'Or et d'Argent ». Mais après le retentissant rapport de M. Colborne Baber, tout projet de railway suivant cette direction fut abandonné. M. Baber, en effet, convaincu de la disproportion entre l'effort à faire et le résultat probable, n'hésita pas à exagérer quelque peu les difficultés dans une phrase qui a fait le tour de l'Angleterre et des Indes, inspiré une prudente expectative à Lord Salisbury et désappointé les grands industriels anglais. Ainsi que le faisait remarquer récemment M. Nisbert à la section indienne de la Société des Arts, elle était plus propre à frapper la moyenne des esprits que les arguments les plus étudiés. L'annonce que « quelques tunnels de Saint-Gothard, et une demi-douzaine de ponts de Menai », étaient nécessaires pour conduire une locomotive en Chine, refroidit les ardeurs les plus enthousiastes. M. Baber a eu raison d'agir ainsi, car les difficultés sont énormes. Pour franchir les vallées des grands fleuves, par exemple, la route des caravanes présente sur la Sé-Louen une descente de 1900 mètres pour un lacet de 14 kilomètres, et sur le Mékhong une descente de 1000 mètres pour un parcours de 10 kilomètres. Ces différences de niveau nécessitaient pour le chemin de fer un développement considérable et difficile à trouver ; en outre, M. Baber n'a pas perdu de vue — ce qu'ont fait depuis de nombreux voyageurs au Yunnan — qu'un seul train peut emporter le chargement de nombreuses caravanes, que les espaces exploitables sont peu étendus, que la population est très rare.

La solution Bahmo—Ta-Li étant écartée, au moins pour un tracé de chemin de fer, on reprit les recherches d'un autre côté. Il y eut de nombreux tâtonnements. Les uns proposaient Toungo (entre Rangoon et Mandalé), Xieng-Tong, Xieng-Hong, Ssemao ; les autres, comme MM. Colquhounn et Hallet, préconisaient Maulmeïn, Xieng-Mai, Xieng-Hong, Ssemao, empruntant le territoire siamois ; les autres enfin vantaient une ligne partant de Mandalé, mais plus septentrionale.

La nature du pays, coupé de vallées longitudinales, inutilisables par conséquent, et parfois très profondes, expliquait ces hésitations. Enfin le gouvernement des Indes approuva un tracé qui, de Mandalé par Maymio, Gokteik, Thibau, Lashio, aboutissait au lac de Kunlon (Hunlon-Ferry), sur la frontière du Yunnan. On commença les travaux de cette ligne nouvelle (janvier 1895) sans attendre, ainsi qu'on le verra plus loin, la fin des études définitives sur l'ensemble du tracé.

Par la ligne principale et son embranchement Mandalé — Kunlon, la frontière du Yunnan est à 1055 kilomètres de Rangoon.

Ainsi, en 1895, le gouvernement des Indes avait fait procéder en Birmanie à la construction de 1350 kilomètres de chemin de fer et à l'étude d'avant-projets pour l'achèvement du réseau dans un sens favorable à l'extension du commerce local et international.

Les résultats financiers, obtenus dès le début, étaient relativement brillants : le moment sembla venu de passer la main à une compagnie d'exploitation.

Convention avec la Burma Railway Company. — A la suite de négociations entre le secrétaire d'État pour les Indes et les Rothschild de Londres, la Burma Railway Company fut rapidement constituée. Le contrat, signé le 31 août 1895, contient les principales clauses suivantes, qui sont analogues aux dispositions du contrat signé en 1890, entre le secrétaire d'État et le South Indian Railway C° :

La compagnie est formée au capital de liv. st. 2,000,000 (50,000,000 francs), divisé en 200,000 actions actions payables à raison de 1 liv. st. au moment de la souscription, puis chaque trois mois en parties n'excédant pas liv. st. 2 10 sh. par action ; cependant les souscripteurs peuvent se libérer en une seule fois dans un délai de six mois après l'émission. La durée du contrat est de 25 ans, à compter du 31 août 1896 ; il peut être résilié à l'expiration de l'arrangement, si le secrétaire d'État (aujourd'hui ministre des colonies) en donne avis douze mois d'avance, ou renouvelé avec des additions ou des changements consentis d'un commun accord, ou racheté au bout de la 10e année par suite de mauvaise administration ou direction, ou si la compagnie ne paye pas ses dépenses pendant trois demi-années successives ; dans ce cas le secrétaire d'État payerait à la compagnie, en or au pair à Londres ou à la demande des actionnaires, le montant du capital et indemniserait la compagnie des travaux entrepris avec la sanction du gouvernement.

L'intérêt garanti par le secrétaire d'État pour les Indes (c'est-à-dire le gouvernement des Indes) est 2,50 p. 100. Le bénéfice net des chemins de fer construits pour le gouvernement sera employé : 1° à l'amortissement ; 2° au remboursement des intérêts garantis ; 3° au payement de l'intérêt, au taux de l'émission du capital dépensé ou fourni par le gouvernement pour les railways.

Le surplus sera partagé entre le gouvernement et la compagnie dans la proportion de 4/5 pour le gouvernement, 1/5 pour la compagnie. Le secrétaire d'État garantit que jusqu'au 30 juin 1901 la compagnie recevra, pour son 1/5, au moins 25 p. 100 par an sur le capital réellement payé.

La compagnie est dans l'obligation d'entreprendre l'achèvement du réseau existant et la construction de nouvelles lignes qui seront proposées par le secrétaire d'État. Le gouvernement doit, dans ce cas, contribuer aux dépenses ou permettre à la compagnie d'augmenter son capital, si c'est nécessaire.

Les lignes que la compagnie a prises à l'exploitation sont les suivantes : Rangoon—Promé, 269 kilomètres ; Rangoon—Mandalé, par Toungo, 621 kilomètres ; ligne de la vallée du Mou-de-Sagaing (en face Mandalé) à Wuntho, par Schwebo, 197 kilomètres ; Mandalé—Meïktila, 20 kilomètres.

Les lignes à compléter ou à construire étaient : la ligne de la vallée du Mu, que l'on devait prolonger, d'une part, jusqu'à Mogoung et Myitkyina, sur l'Iraouaddy, et, d'autre part, vers Bahmo, la ligne Mandalé—Kunlon-Ferry, 434 kilomètres.

L'expérience des quatorze dernières années avait montré que l'entreprise du gouvernement pouvait devenir une source de profits sérieux. L'émission faite par la Burma Railway C° fut par suite très belle. Les souscripteurs reçurent de 5 à 10 p. 100 des actions demandées ; la souscription avait été couverte quinze fois.

Les finances du gouvernement des Indes ne devaient pas être obérées par le service de l'intérêt. Dès la première année (1895-1896), le bénéfice net était de 3,750,000 francs ; celui de 1896-1897 était estimé 4,000,000 de francs ; il est pour 1899-1900 supérieur à 6,250,000 francs. La garantie à 2,50 pour 100 pour le capital engagé par le gouvernement (100,000,000 de francs) et par la compagnie (50,000,000 de francs) nécessite 3,562,500 francs. En prenant le change moyen à 1 sh. 2 d., les charges de l'intérêt ont été, dès le début, plus que couvertes par les bénéfices du réseau ouvert.

Tel est le contrat qui régit le réseau birman. Il est très sage, peu onéreux et donne une grande liberté au gouvernement anglais dans les questions d'extension au delà des frontières. Au Yunnan, par exemple, le gouvernement chinois n'est pas en présence d'un gouvernement étranger, mais d'une société particulière, et cette distinction subtile supprime bien des causes de conflit, bien des prétextes de mauvaise volonté, bien des froissements d'amour-propre.

Nous verrons plus loin tout le parti que le gouvernement anglais sait tirer de cette situation, qu'il a probablement ainsi définie pour les besoins de sa politique.

III.

LA LIGNE MANDALÉ—KUNLON. — LES MISSIONS D'ÉTUDES DU KUNLON—YANG-TSÉ RAILWAY.

La ligne Mandalé—Kunlon. — Le contrat était à peine signé que la compagnie, d'après les indications du gouvernement, donna une vive impulsion aux travaux de la ligne Mandalé—Kunlon, étudiée jusqu'à la Sé-Louen, depuis 1894, par les officiers du génie de l'armée des Indes. Pendant la saison des pluies de 1895-1896, 3,000 ouvriers étaient employés sur la voie, 20,000 pendant les saisons sèches suivantes. On put ainsi ouvrir à l'exploitation à la fin de 1896 la section Mandalé—Maymio (61 kilomètres), particulièrement difficile. La ligne est maintenant poussée jusqu'à Myohaung, et, depuis le 1er octobre 1899, elle est ouverte de Mandalé à Nammao. Les principaux endroits traversés figurent dans le tableau ci-après avec leurs altitudes respectives :

ENDROITS.	DISTANCE KILOMÉTRIQUE.	ALTITUDES.
		mèt.
Mandalé (point de départ)	»	75
Tounbo	46,100	79
Maymio	61,140	1055
Petites ondulations	»	»
Kyouk-Kyau	109,410	803
Entrée de la gorge Gokteik	115,850	840
Thalweg	128,720	390
Débouché nord de la gorge de Gokteik	138,370	840
Gokteik	141,590	914
Loikau	177,000	665
Thibau	209,470	390
Lashio (Lassa)	273,530	840
Sé-Louen	376,070	420
Kunlon-Ferry	434,000	480

D'après une étude publiée par la *Indian Engineering Review*, les problèmes à résoudre étaient les suivants : le passage des chaînes qui s'étendent entre les 15e et 35e kilomètres avec une élévation de 960 mètres, et la gorge de Gokteih qui ne présente qu'une altitude de 420 mètres sur une longueur de 13 kilomètres. La solution de ce dernier a donné beaucoup de mal aux officiers qui avaient établi les premiers avant-projets, ainsi qu'aux ingénieurs de la compagnie qui ont fait les études définitives.

En 1895, le projet, d'abord approuvé par le gouvernement des Indes, utilisait une sorte de pont naturel dont le sommet se trouve à 165 mètres au-dessus du torrent ; il comprenait une crémaillère à la pente de 80/000, des rayons de 175 mètres, un viaduc de 75 mètres de longueur et de 24 mètres de hauteur sur le pont naturel, des arches d'accès de 20 mètres d'ouverture, un petit tunnel au débouché nord de la gorge. Mais le désir d'avoir une voie homogène fit abandonner ce projet et rechercher un nouveau tracé à adhérence. En automne 1895, la nouvelle solution prévoyait une déclivité maximum de 40/000, un viaduc long de 405 mètres, haut de 45 mètres ; le tunnel se trouvait un peu allongé. Une troisième étude, faite cette fois par les ingénieurs de la compagnie en 1896-1897, en vue d'une déclivité maximum de 25/000 et de travaux économiques, ne donna pas de bons résultats. Enfin, après de nombreuses hésitations, la compagnie a adopté (1899) un projet à déclivité maximum de 25/000 et viaduc de plus de 600 mètres de long et 165 mètres de haut, avec des terrassements énormes.

Il a donc fallu quatre campagnes d'études pour arriver à ce résultat. Le point de passage étant un point obligé, les travaux d'infrastructure ont été faits de part et d'autre de la brèche malgré l'absence de viaduc.

La construction de ce viaduc est faite par la Burma Railway Co, avec un grand sens pratique. Les industriels anglais faisant des conditions trop onéreuses, la compagnie a traité avec une maison américaine de Philadelphie, déjà connue par le lancement d'un pont sur l'Atbara, à raison de 500 francs la tonne. Les entrepreneurs supportent tous les frais de transport de leur outillage et matériel, depuis Philadelphie jusqu'à Rangoon ; depuis le quai de Rangoon jusqu'aux chantiers, ils bénéficient de l'exemption du fret qui est payé par la compagnie. Cette clause aura le résultat suivant : les entrepreneurs transporteront une partie de leur matériel et leur personnel technique à pied d'œuvre, et le travail sera fait à l'aide des ressources locales. La construction du viaduc a commencé en novembre 1899 et sera vraisemblablement terminée dans un an : le prix total s'élèvera environ à 1,650,000 francs.

Les industriels anglais semblent avoir pris philosophiquement leur parti de ce marché qui, chez nous, ferait pousser des clameurs d'indignation. Les entrepreneurs y trouveront un faible bénéfice matériel, mais ils se feront une immense réclame et cela compte pour beaucoup.

De Myohaung à Kunlon-Ferry (section de la Sé-Louen), les travaux sont en réalité peu avancés, car la compagnie est à peine sortie de la période d'études. Les premiers projets établis par les officiers de l'armée des Indes en 1893-1894 plaçaient le passage de la Sé-Louen un peu en amont du confluent de la Nam-Kyek, pour diriger, semble-t-il, la ligne vers Ssemao, à qui l'on attribuait encore une importance capitale.

Mais depuis l'ouverture de cette ville au commerce européen (1896), les rapports des consuls anglais ont mis les choses au point. Le débouché du chemin de fer a été reporté plus au nord, et le passage de la Sé-Louen fixé au bac de Kunlon. Les études exécutées par les ingénieurs de la compagnie en 1896-1897 ont été approuvées en mai 1898 et les chantiers installés à la fin de 1899, de Myohaung au 391e kilomètre. La ligne longe la Sé-Louen jusqu'à Kunlon pendant 54 kilomètres.

Dans cette situation, d'après le rapport de la compagnie (1898-1899), les difficultés ne sont pas très considérables ; il y aura cependant de grands terrassements et des demi-souterrains assez longs. La déclivité maximum sera 25/000, l'angle le plus aigu des courbes 12° avec un rayon de 145 mètres, le prix de revient atteindra 160,500 francs par kilomètre. Ce prix serait réduit de beaucoup si l'on admettait des rayons plus faibles et des angles plus aigus, pliant mieux le tracé au terrain. Il est probable que des modifications seront faites dans ce sens en temps utile pour ramener les estimations à un chiffre plus acceptable, le prix moyen du kilomètre de Mandalé à Lashio n'étant que d'environ 85,000 francs.

On peut prévoir l'achèvement du railway Mandalé—Kunlon

au commencement de l'année 1901. Comme voie de commerce local, la ligne sera sans doute une bonne affaire. Elle dessert les États chans ; de nombreuses routes charretières construites par le gouvernement de Birmanie viennent y aboutir ; les populations indigènes mettent en valeur d'immenses territoires jusqu'alors incultes. Le chiffre des affaires entre la Birmanie proprement dite et les États chans croît par suite avec une rapidité fantastique. Pendant la période triennale (1896-1899), il passe de 17,875,000 francs (1893-1896) à 23,875,000 francs pour les États chans du Nord ; de 17,250,000 francs (1893-1896) à 35,125,000 francs pour les États du Sud ; pour la Chine occidentale il est resté à peu près stationnaire (14,000,000 au lieu de 13,750,000 francs). Il résulte de ces chiffres que l'utilité de la ligne Mandalé—Kunlon, comme voie de pénétration en Chine, semble être discutable ; elle est d'ailleurs très discutée par ceux de nos voisins à qui la mégalomanie n'a pas enlevé la faculté d'apprécier raisonnablement les choses.

Quoi qu'il en soit, grâce à l'activité de la Burma Railway C°, dénommée pour les besoins de la cause « Syndicat du Yunnan », nos voisins se passionnent pour le chemin de fer du Yang-Tsé qu'ils auraient, il y a vingt ans, qualifié d'utopie. La compagnie a conduit l'étude et la préparation de ce gigantesque projet avec une méthode qui nous a fait quelquefois défaut ; le gouvernement anglais ne lui a d'ailleurs pas ménagé son appui.

Les missions d'études du Kunlon—Yang-Tsé Railway.— Après la convention de 1896, après les travaux de la mission lyonnaise, on crut, en Birmanie, que le moment était venu d'agir au Yunnan. Il fallait, par un railway rapidement construit, ultérieurement prolongé vers le Sé-Tchouen, discréditer notre influence politique dans le pays, détourner vers Rangoon le courant commercial dirigé vers le fleuve Rouge et, par suite, rendre vaines toutes les tentatives de chemins de fer français destinés à relier le Yunnan au Tonkin. La Burma Railway C° se déclara prête à tous les sacrifices, mais à la condition que son contrat, au moins en ce qui concernait la garantie d'intérêts, fût rendu applicable aux lignes sino-birmanes. Ce désir fut soutenu auprès de lord Salisbury par une députation des Chambres de commerce anglaises. Il était trop tôt, d'autres intérêts plus graves se trouvaient en discussion à l'autre extrémité de l'empire chinois ; le cabinet de Londres ne voulait pas s'engager à fond dans la question du Yunnan avant de connaître nos intentions ; le chemin de fer du Yang-Tsé, alors fort problématique, n'était par conséquent que d'un intérêt secondaire. A toutes les sollicitations, lord Salisbury répondit (juin 1896) : « La Chambre des Communes n'a jamais voulu voter des fonds pour soutenir des entreprises de chemins de fer en pays étranger ; étant donnée la politique présente, il me semble fort douteux que la Chambre des Communes change d'opinion ».

Cette réponse était évidemment inspirée par le peu de confiance dans la réussite d'un projet fondé sur des renseignements et des appréciations assez vagues de voyageurs, mais surtout par le désir d'éviter l'ingérence gouvernementale directe dans les affaires de chemins de fer en Chine. Le cabinet de Londres a toujours voulu, tout en favorisant énergiquement les entreprises nationales, rester dans la coulisse. Il n'ignore pas que le Tsong-Li-Yamen, jaloux de « sauver la face », les vice-rois, gouverneurs et mandarins, la population elle-même s'opposeront soit ouvertement, soit par de secrets agissements, à toute entreprise étrangère qui leur paraîtra le prétexte avoué d'empiétements politiques. Cette connaissance du caractère chinois a guidé les actes de nos voisins dans les affaires de chemins de fer, de mines et de navigation au Yunnan, au Quang-Toung, au Sé-Tchouen et au Ho-Nan. Leurs succès en furent moins bruyants, mais ils sont plus certains.

A la suite de la mission Guillemoto, de la convention franco-chinoise d'avril 1898 et du vote du Parlement français relatif à la garantie d'intérêt accordée le cas échéant à une compagnie des chemins de fer du Yunnan, les négociants de Rangoon, les industriels d'Angleterre qui ont toujours des stocks de matériel à placer, crurent que tout était perdu. S'inspirant de nouveau de la convention de 1896, des précédents créés par les gouvernements russe et français, une députation des Chambres de commerce vint sommer lord Salisbury de soutenir les intérêts britanniques en Chine par la promesse d'une garantie d'intérêt accordée au futur railway sino-birman. Le moment semblait venu de réaliser le rêve Rangoon—Shang-Haï : la ligne du Yang-Tsé ruinerait le trafic de la voie Yunnan-Sen—Haïphong, consacrerait le blocus du Tonkin déjà commencé par l'ouverture commerciale du Si-Kiang. Elle donnerait une force nouvelle à l'arrangement anglo-russe en augmentant infiniment les intérêts britanniques dans la nouvelle zone d'influence anglaise. Les fleuves sillonnés par des bateaux portant pavillon et marchandises anglais, les vallées desservies par des trains pouvant circuler sans interruption d'Han-Kéou à Bombay, reliant les entrepôts de Rangoon et de Shang-Haï, ce serait la suprématie anglo-saxonne établie à jamais dans les plus riches provinces chinoises. L'Old England entrerait dans une ère nouvelle d'incalculable prospérité qui donnerait à la « noble Queen » une auréole nouvelle d'impérissable grandeur.

Depuis le succès du Transcanadien, nos bons voisins éprouvent parfois ces accès de mégalomanie. « Du Cap au Caire », « de Rangoon à Shang-Haï » sont deux manifestations d'un état d'esprit commun aux peuples aussi bien qu'aux individus, que la fortune a trop longtemps caressés. Aussi verrons-nous peut-être commencer à se réaliser la prophétie faite en 1880 par M. Ney Ellias, dans son livre *New Spirit* : « L'Angleterre périra comme l'Espagne, comme le Portugal, par sa trop grande expansion ».

Lord Salisbury fut plus encourageant qu'en 1896. Il reconnut (juin 1898) que les difficultés matérielles énormes, « telles qu'elles alarmeraient un très grand ingénieur », déjà signalées, ne lui permettaient pas pour le moment de discuter la nécessité d'une garantie d'intérêt ; mais il engagea la députation à présenter un projet sérieux que l'on examinerait en temps utile et qui inspirerait la politique du gouvernement.

La ligne de conduite de la Burma Railway C^o^ était indiquée dans cette réponse. Elle n'avait plus qu'à faire procéder à des études techniques par des agents à son service, soumettre un avant-projet suffisamment complet pour démontrer que les bénéfices résultant de l'entreprise correspondraient à la fois à la grandeur des risques et à l'énormité des dépenses. Dans l'affirmative, le ministre d'Angleterre à Pékin demandait au nom de la Burma Railway Company, formée en Compagnie du Yunnan, la concession d'un chemin de fer entre Kunlon-Ferry et le Yang-Tsé ; le ministre de France devrait le soutenir pendant les négociations (convention de 1896) et le gouvernement des Indes étendrait à la nouvelle ligne le bénéfice de la garantie de 2,50 p. 100 d'intérêt accordé par le contrat de 1895.

La Burma Railway C[o] semble s'être conformée strictement à ce programme. Sur sa demande, le gouvernement des Indes mit à sa disposition un nombre suffisant d'officiers qui devaient être chargés des reconnaissances topographiques et des recherches de tracés. Ils étaient secondés, pour la partie commerciale, par des experts en la matière qui représentaient les intérêts matériels du syndicat.

Le ministre d'Angleterre à Pékin ayant obtenu les autorisations nécessaires, la mission d'études fut partagée en deux groupes. Le premier, dirigé par le capitaine Pottinger, comprenait le capitaine Wingate, le lieutenant Hunter, M. Scott, et devait opérer dans le bassin du Yang-Tsé ; le deuxième, sous les ordres du capitaine Davies, comprenait le capitaine Ryder, le lieutenant Watt-Jones, MM. Turner et Ker ; il étudiait la région entre Kunlon-Ferry et le Yang-Tsé et marchait à la rencontre du groupe précédent.

La jonction s'est faite le 3 mai 1899 à Oueining, sur la frontière du Kouei-Tchou. Les groupes ayant terminé leurs travaux, la mission s'est alors séparée, ses membres regagnant Rangoon et Shang-Haï par les voies les plus diverses pour se réunir de nouveau à Londres où ils doivent présenter le travail d'ensemble.

Malgré l'hostilité de quelques villages, la mission n'a pas eu à souffrir du fanatisme chinois. Le premier groupe seul, maintes fois attaqué dans le Kouei-Tchou, a par sa ferme contenance imposé le respect. Le capitaine Pottinger semble s'être inspiré, dans ses relations avec les mandarins malveillants et retors, avec les pirates officiels mis parfois à ses trousses, des conseils énergiquement pittoresques donnés par le Père Huc dans son *Voyage en Chine*. Infligeant des amendes aux mandarins coupables, faisant sous ses yeux fustiger des insulteurs, exécuter sur-le-champ des pillards, il a fait preuve d'une audace et d'une énergie qui ont grandement facilité sa mission, tandis qu'ils ont parfois manqué à nos chargés de missions, toujours gênés par des scrupules que ne connaissent pas les Anglais.

La population du Yunnan s'est montrée presque bienveillante. Les voyageurs anglais n'ont pas été molestés, les autorités chinoises ne leur ont pas créé de difficultés. Le capitaine Wingate, à son retour en Birmanie, était même reçu avec distinction par le vice-roi. Si nous en croyons une correspondance publiée dans la *Rangoon Gazette*, lorsque nos nationaux étaient assiégés dans leurs logements à Yunnan-Sen, deux Anglais furent invités, dans la rue, par la populace à se joindre aux Chinois pour expulser les Français. Cette différence de traitement s'explique en partie aisément. Les journaux de Birmanie évitent avec soin les tirades annexionnistes qui plaisent si fort à nos journalistes du Tonkin et qui, fidèlement reproduites dans les feuilles et les placards chinois, excitent le peuple contre nous.

Quoi qu'il en soit, au point de vue technique, les opérations de la mission anglaise ont été couronnées de succès. Les rapports, plans et devis sont encore confidentiels, mais on sait déjà qu'un railway de Kunlon au cœur de Sé-Tchouen est possible et que sa construction ne présentera pas de difficultés extraordinaires. Les obstacles à vaincre sont, d'après M. Helbert, agent de la Burma Railway C°, analogues à ceux rencontrés par la ligne Mandalé—Kunlon.

La ligne partant de Kunlon remonterait la vallée de la Nam-Ting et gagnerait Yintchéou. « Yintchéou, dit M. Hallet dans une étude publiée par le *Times*, est sur un cours d'eau affluent du Mékhong, dont l'embouchure est à 23 kilomètres environ de cette ville, et la rivière dans cette distance descend de 90 mètres. A 56 kilomètres au delà de ce confluent on arrive à King-Ton d'où la ligne suivra la route préconisée par moi depuis de longues années et marquée sur mes cartes pour l'extension du Burma-Siam-China-Railway, par Yunnan-Fou et Lou-Tchéou, *jusqu'à Chun-King.* » *Lou-Tchéou, important centre d'échanges*, point terminus probable, serait assez heureusement choisi ; il est situé à 160 kilomètres en amont de Chun-King et près du confluent du Yang-Tsé avec la rivière Yunning. Cette dernière est une des principales routes commerciales du Sé-Tchouen, par laquelle le sel du Sé-Tchouen est envoyé à Kouei-Tchou et les cotons indigènes au Kouei-Tchou et au Yunnan.

Le chemin de fer du Yang-Tsé aurait donc de Kunlon à Lou-Tchéou 1700 kilomètres et coûterait 250 millions. Yunnan-Sen, à 560 kilomètres de Kunlon, serait à 1615 kilomètres de Rangoon, et, limité à cette ville, le railway projeté coûterait 73 millions. Le chemin de fer français, long de 900 kilomètres seulement, pourra donc en principe lutter avec de grandes chances de succès.

La Burma Railway Company semble l'avoir compris. Secondant bien les desseins du gouvernement des Indes, elle n'a pas limité ses recherches à l'étude de la ligne de Yunnan-Sen.

Un système de routes charretières (de Bahmo à Maumeïn par la rive gauche du Taï-Ping, de Xieng-Tong à Ssemao), autorisées par le gouvernement chinois et dont la première (Bhamo—Maumeïn [1]) est déjà commencée et de chemins de fer secondaires, préparé par la mission de Chine et les officiers de la commission de délimitation, doit compléter le railway Mandalé—Kunlon-Ferry et lui permettre de drainer une partie du trafic destiné à la ligne française.

Dans son rapport sur le Yunnan, M. Guillemoto faisait ressortir l'importance de Ta-Li-Fou comme centre commercial et proposait de le relier à Yunnan-Sen, par une bonne route carrossable. Une grosse partie du mouvement d'affaires de la capitale du Yunnan est formée, en effet, par les caravanes de Ta-Li. Cette ville était d'ailleurs le but primitif du railway sino-birman ; à la suite du rapport Baber, on l'avait un peu dédaignée. Pendant les opérations du groupe Davies, le lieutenant Watt-Jones a trouvé un passage praticable pour un chemin de fer entre Yintchéou et Ta-Li ; d'autre part, les ingénieurs de la compagnie ont fait l'étude pratique d'un embranchement reliant Lashio à Theini et prolongé dans la vallée de la Nam-Ting. Ta-Li-Fou serait donc ultérieurement relié par Chunning-Fou, Yintchéou, la Nam-Ting, Theini et Lashio à la grande ligne Mandalé—Kunlon ; dans ces conditions, il serait en dehors de la zone d'attraction de la ligne française.

En résumé, si elle est soutenue par le gouvernement anglais, *et à la concession près du chemin de fer au Yunnan, qui ne sera* qu'une formalité diplomatique, la Burma Railway Company est plus avancée que nous. Ses études préparatoires sont terminées, les capitaux existent ou se trouveront aisément. En construisant la ligne du Yang-Tsé tout entière ou seulement le tronçon de

[1] L'importance de Maumeïn, par rapport à Ta-Li, est analogue à celle de Mong-Tsé, par rapport à Yunnan-Sen.

Yunnan-Sen, ou encore l'embranchement de Ta-Li, elle aura sur la future compagnie française du Yunnan les avantages suivants : rapide réception du matériel à pied d'œuvre par un chemin de fer lui appartenant déjà, construit jusqu'à la frontière, pratique de la construction, main-d'œuvre et personnel déjà recrutés et formés, unité de direction et d'exploitation depuis le port de mer jusqu'au point terminus, meilleure situation politique, charges financières moindres. La compagnie française aura la supériorité en ce qui concerne la durée du trajet et probablement la quantité de trafic et les prix de transport.

IV.

ÉTUDE SOMMAIRE DU PROJET DE LA BURMA RAILWAY COMPANY. — LA LIGNE FRANÇAISE DE YUNNAN-SEN. — CONCLUSION.

L'opinion publique anglaise n'a pas encore accueilli par un concert d'enthousiastes louanges les rapports de la Burma Railway Company. Si les industriels de la métropole estiment nécessaire pour la puissance et le prestige du royaume, la construction de la ligne du Yang-Tsé, la Chambre de commerce de Rangoon, les agents du gouvernement des Indes en Birmanie, les consuls de Ssemao et de Chun-King sont plus réservés dans leurs appréciations. Les polémiques sont engagées ; leur ardeur montre que l'idée a fait son chemin depuis 1882. Les grands journaux commencent à donner le ton ; les voix discordantes se font de plus en plus rares, et prochainement sans doute, lord Salisbury, éclairé par les dernières études de la compagnie birmane, cédant à l'irrésistible poussée de l'opinion publique, fera demander par le représentant de la reine à Pékin la concession si ardemment désirée et fera accorder par le Parlement anglais la garantie d'intérêt tant convoitée. Les contribuables hindoux et birmans devront s'apprêter à payer les différences.

M. Hallet, qui est en Angleterre le porte-parole de la Burma Railway Company, fait miroiter les chiffres en homme sachant qu'ils disent tout ce qu'on veut — il s'agit de savoir s'en servir — et démontre aux bons cockneys de Londres, en la comparant avec la ligne française, l'excellence de l'entreprise anglaise : « ... Le prix de l'extension française est calculé à raison de 150,000 francs le kilomètre ». Or, le prix de revient probable du mille dans le prolongement Kunlon—Yunnan-Fou du railway Mandalé—Kunlon ne sera certainement pas supérieur de 50 p. 100 au prix du railway Mandalé—Kunlon, soit 125,000 francs le kilomètre. Le prolongement jusqu'à Yunnan-Fou (560 kilomètres) coûterait donc 72.920,000 francs, ou un peu plus que la ligne française. Mais lorsque nous arrivons à la question des garanties, nous savons que la Burma Railway Company a accepté 2,75 p. 100 [1] sur toutes les sommes dépensées pour les lignes existantes et l'entretien du réseau, tandis que la garantie du gouvernement français est fixée à 4,25 p. 100. Cette garantie pour les 70 millions exigés par la ligne française de Yunnan-Fou s'élèvera seulement à 2 millions de francs.

M. Hallet, qui jouit en Angleterre d'une grande réputation, ne se borne pas à mettre en évidence les avantages financiers, par d'habiles citations des rapports de M. Bourne, consul à Tengyueh ; il montre que le trafic est assuré sur la ligne anglaise : « ... Il y a de grandes possibilités d'extension commerciale dans l'ouest et le sud-ouest du Yunnan ; mais le Yunnan central — traversé par la ligne française — est un pauvre pays consistant pour la plus grande partie en côteaux secs balayés par le vent, sur lesquels rien ne pousse, excepté peut-être une récolte de blé indien par an ».

Enfin comme dernier argument, le *Times* fait vibrer la corde patriotique excessivement sensible chez nos voisins depuis Fachoda. D'autres organes feignant de croire à une action militaire de notre part, conséquence des provocations chinoises, n'ont pas craint de nous donner cet exemple comme une leçon pour l'avenir. La presse jingoïste tout entière, dédaignant la discussion pratique du projet, trouve que le prestige de la Grande-Bretagne serait gravement atteint en Chine si l'unique ligne ferrée du Yunnan était une ligne française. Le résultat de cette campagne sera peut-être celui qui est désiré par les centres métallurgiques d'Angleterre ; mais l'extension vers le Yang-Tsé, même limitée au tronçon Kunlon—Yunnan-Sen, aura rencontré une vive opposition en Birmanie et chez les résidents anglais de la Chine occidentale.

---

[1] Le chiffre cité par M. Hallet est supérieur à celui du contrat.

On n'ignore pas, en effet, à Ssemao, Chun-King et Rangoon que le Yunnan est un pays pauvre, dont la population très clairsemée est composée presque uniquement de tous les « never do well » de la Chine.

« J'ai parcouru 11 des 19 provinces de l'empire, dit le capitaine Wingate, et je n'hésite pas à déclarer que pour la pauvreté, l'abus de l'opium et la paresse, les habitants du Yunnan tiennent la première place. » Le consul de Ssemao, M. Henry, évalue leur nombre à 6 millions, presque tous agriculteurs. Le pays, ajoute-t-il, se suffit à peine à lui-même ; il y a peu d'espaces vacants, tandis qu'il y en a d'immenses dans les États chans, capables de produire, au point de vue agricole, tout ce qu'on tentera de cultiver dans le Yunnan. »

Les richesses minières de la province dans la région traversée par le tracé anglais sont, dit-on, plus considérables, mais on ne possède à ce sujet que des renseignements peu précis.

Comme au Tonkin, on a signalé de nombreux gisements métallifères ; mais, malgré les reconnaissances de MM. Leclerc et Bellart, il n'a pas été fait de prospections complètes, que la routine chinoise ne permettrait pas. L'exploitation à la mode indigène donne, à Ko-Chiu notamment, de bons résultats ; une exploitation à l'européenne épuiserait peut-être rapidement les mines d'étain, de cuivre, de fer, de zinc et de charbon ; on ne peut guère fonder la construction d'immenses lignes ferrées sur des données aussi vagues. Ainsi, même en ne tenant pas compte de la concurrence française : faible production agricole dans le présent et dans l'avenir, richesses minérales incertaines, population rare et clairsemée, ne sont pas trois éléments destinés à favoriser une expansion commerciale au Yunnan ni un chemin de fer anglais.

L'histoire des relations commerciales entre Birmanie et Chine est d'ailleurs pour nos voisins, c'est M. Henry qui nous l'apprend, celle d'une longue série de déceptions. Bahmo, que les premiers annexionnistes croyaient destiné au plus brillant avenir, est à peu de chose près aujourd'hui tel qu'il y a cinquante ans. Ssemao que les Hallet, les Colquhoun, les C. Baber dépeignaient comme un Eldorado pour le commerce britannique, est une misérable bourgade où se traitent à grand peine 900,000 francs d'affaires par an. La route en construction de Bahmo à Mauaeïn suffira pour donner à la Birmanie le maximum de commerce chinois auquel elle peut prétendre. M. Nisbert, conservateur des forêts, que sa grande expérience, acquise par vingt-cinq ans de séjour en Birmanie et dans les États chans, a fait charger d'une mission d'études au Yunnan, croit qu'une augmentation intérieure de railways serait plus rémunératrice qu'une extension en Chine et il ajoute : « Si le railway du Yunnan doit être entrepris au delà de nos propres frontières, il devrait être fait par petites sections, et comme expérience, avant d'embarquer un gros capital dans ce qui semble, avec les conditions présentes, une très hasardeuse entreprise ».

La mise en valeur et l'exploitation du Yunnan, grâce au prolongement du Mandalé—Kunlon railway, est donc un projet qui a peu de défenseurs en Birmanie ; l'extension jusqu'au Sé-Tchouen à travers le Yunnan et Kouei-Tchou, excite encore moins l'enthousiasme.

Tout d'abord, Lou-Tchéou, le point terminus, semble mal choisi. M. Bons d'Anty, notre consul à Chun-King, croit, en effet, que *l'ouverture de Cheng-Tou-Fou au commerce européen* n'est plus qu'une question de temps. Pour accéder à cette capitale du Sé-Tchouen, dont la population est *énorme* et qui se trouve dans une vaste plaine peuplée de 5 millions d'habitants, le système hydrographique du Yang-Tsé donne de magnifiques voies de communications. Les *steamers* d'Europe arrivent sans difficultés jusqu'à Han-Kéou, au moins pendant cinq mois de l'année; des bateaux d'un tonnage moindre transportent les voyageurs et les marchandises jusqu'à Ichang. Cette ville était récemment encore considérée comme la limite pratique de la navigation à vapeur sur le fleuve Bleu ; mais depuis la mission d'études présidée par Li-Hung-Chang et composée d'ingénieurs anglais, belges et américains, on a reconnu que des bateaux d'un modèle spécial pouvaient circuler en toute saison d'Ichang à Chun-King, et continuer leur marche dans le bief navigable supérieur jusqu'à Lou-Tchéou et même Sui-Fou[1].

---

[1] Une compagnie allemande et une compagnie anglaise construisent déjà ces bateaux, qui doivent être analogues à ceux du haut Mékong (*Colombert, Trentinian, Garcerie*).

Lou-Tchéou est placé à l'embouchure de la rivière Fou-Sung, qui est navigable et pénètre dans le Sé-Tchouen. Sui-Fou est plus heureusement au confluent de la rivière Min, qui passe dans la plaine de Cheng-Tou et qui sera accessible, jusqu'aux environs de cette ville, aux nouveaux vapeurs du Yang-Tsé.

Le centre de cette extraordinaire agglomération d'hommes qu'est le Sé-Tchouen, le cœur de cette province, que tous les voyageurs sont unanimes à déclarer une des plus riches de l'empire, serait donc, dans un bref délai, relié à Shang-Haï par une ligne continue de navigation à vapeur. La durée probable des communications ne sera pas supérieure à un mois, de Shang-Haï à Cheng-Tou, à quinze jours de Cheng-Tou à Shang-Haï.

Les prix de transport qui, même dans les circonstances présentes, pourraient lutter avantageusement avec ceux offerts par un railway sino-birman ou sino-tonkinois, auront alors une telle supériorité — malgré un ou deux transbordements inévitables, mais moins onéreux que 2.600 kilomètres sur voie ferrée — qu'il ne restera plus aux chemins de fer venant du sud que le trafic local du Yunnan septentrional et oriental et du Kouei-Tchou occidental. Or, les routes commerciales de ces régions sont, d'après les Anglais eux-mêmes, la rivière de Canton et surtout le fleuve Rouge. La ligne française de Yunnan-Sen ne s'arrêtera sans doute pas à cette ville, qui est un cul-de-sac ; on peut prévoir qu'elle sera prolongée vers le nord. La reconnaissance exécutée, de février à mai 1899, par MM. Wiart, ingénieur des ponts et chaussées, Kerber, conducteur, Bourguignon, capitaine d'artillerie de marine, et Collin, adjudant d'infanterie de marine, entre Yunnan-Sen et Sui-Fou, a montré que cette extension est possible. Le point d'arrivée de la ligne anglaise sur le Yang-Tsé étant Lou-Tchéou, le railway sino-birman devrait donc traverser notre réseau. Dans un pays où un chemin de fer fera péniblement ses affaires, on peut deviner quels seraient les bénéfices nets de deux exploitations rivales.

D'autres considérations d'un ordre particulier, trop négligées par les apologistes d'Outre-Manche, méritent encore d'attirer leur attention. Le Yunnan est bien un pays ouvert à la concurrence loyale des Français et des Anglais, mais la paix entre les deux peuples ne sera pas éternelle. Dès le commencement des hostilités, grâce à la proximité du Tonkin, nous pourrions mettre la main sur le Yunnan et ruiner la ligne anglaise trop excentrique.

Ainsi, grâce à la mission hydrographique du fleuve Bleu, l'œuvre de nos rivaux au Yunnan ne doit pas nous alarmer. Le tronçon Kunlon — Yunnan-Sen sera préjudiciable à nos intérêts si nous ne changeons pas nos procédés douaniers et si nous recherchons toujours les gros bénéfices immédiats. Dans ce cas, l'infériorité de la garantie d'intérêts, l'importance du commerce local dans les États chans traversés, permettraient à la Burma Railway Company de faire à la Compagnie française du Yunnan une guerre de tarifs désastreuse pour elle. La faiblesse du trafic local, la concurrence des voies fluviales, la difficulté de contrôle sur les agents et fonctionnaires chinois, le manque de protection contre des attaques venant du Tonkin, seront au nord de Yunnan-Sen les caractéristiques de la ligne Kunlon — Lou-Tchéou, considérée comme voie de pénétration au Sé-Tchouen. Cette ligne serait, en résumé, facile à construire, difficile à exploiter : telle est d'ailleurs l'opinion émise par la plupart des membres de la mission d'études, les nationaux anglais, établis dans la vallée du Yang-Tsé, le consul de Chun-King.

Ce dernier a signalé une autre voie d'accès de Birmanie au Sé-Tchouen, qui paraît exempte des inconvénients reprochés à la précédente. Elle n'a pas été, je crois, étudiée au point de vue spécial de chemin de fer, mais, d'après quelques voyageurs, elle ne présenterait pas de grandes difficultés.

C'est la voie de Kunlon-Ferry, par Ta-Li. De ce point un railway, après avoir suivi quelque temps le fleuve Bleu, pourrait s'engager dans la vallée de l'Anning, passerait à Huei-Li-Tchéou -Ning-Yuan-Fou et de là, soit par Ya-Tchéou, soit par Chia-Ting atteindrait Cheng-Tou-Fou. Cette partie du Yunnan et du Sé-Tchouen est une région « qui n'est pas desservie par un réseau existant ou projeté : la ligne traverserait une contrée dont les richesses minérales sont déjà exploitées ; son terminus serait à l'origine de la navigation à vapeur, au centre du district le plus peuplé du Sé-Tchouen et serait moins exposé à une attaque et plus facile à défendre que l'autre ligne proposée ». La jonction avec le réseau de la Compagnie des chemins de fer chinois, qui est soutenue par la banque russo-chinoise, s'effectuerait aussi plus commodément, et Rangoon et Pékin se trouveraient reliés par Si-An-Fou et Tai-Yuan-Fou.

Quel que soit le sort réservé à ce projet qui substituerait Cheng-Tou-Fou à Lou-Tchéou, comme terminus du réseau sino-birman, on ne peut nier qu'il paraît plus raisonnable, plus conforme aux conceptions pratiques de nos voisins. Une ligne ainsi établie bénéficierait, grâce à Ta-Li et Chia-Ting, de transports locaux considérables ; grâce à Cheng-Tou, point d'arrivée des bateaux du Yang-Tsé, elle jouerait un certain rôle dans le commerce extérieur du Sé-Tchouen central. La reconnaissance complète. exécutée entre Kunlon et Ta-Li, permet d'ailleurs de supposer que ce projet est peut-être aussi bien étudié dans son ensemble que celui présenté à grand bruit par la Burma Railway Company.

L'intention officielle de nos voisins est d'aller au Yang Tsé ; leur désir réel est d'aborder le Sé-Tchouen. Ils peuvent jouer du Yunnan, manœuvrer à Pékin et Paris, de façon à nous alarmer sur l'avenir réservé à la ligne française, donner à notre diplomatie la satisfaction d'un succès par le retrait de leurs prétentions affichées, en montrant, comme toujours, un grand esprit de conciliation, et consentir à un arrangement réglant les compensations qu'on ne saurait leur refuser. Les compensations obtenues, — tout fait prévoir qu'elles seraient sérieuses, — le projet Kunlon—Ta-Li—Cheng-Tou, présenté au Parlement anglais, recevrait la sanction attendue ; nous resterions seuls avec notre chemin de fer au Yunnan central et septentrional, et nous n'aurions en réalité rien gagné dans cette combinaison.

Le « Foreign-Office » est coutumier de ces négociations où il a l'art de se faire acheter très cher quelque chose dont il ne veut pas. Ce serait pour l'Indo-Chine française une nouvelle édition de la *convention de Paris (1896). Un correspondant* de la *Rangoon Gazette* en fait l'aveu dépouillé d'artifice : « Le Yunnan, pauvre et difficile, semble devoir être accepté comme un champ d'action commun aux pionniers anglais et français ; on doit envisager avec douleur pour le Sé-Tchouen une telle hypothèse. C'est pourquoi il faut faire tous les efforts pour réserver ce grand et beau domaine à la suprématie anglo-saxonne *pour le bien des Chinois* et le commerce du monde ».

Nous n'avons pas à suivre nos voisins au Sé-Tchouen, et Sui-Fou semble être la limite raisonnable de notre chemin de fer du Yunnan. Notre situation dans ce pays est très simple ; l'activité et la diplomatie françaises doivent s'employer à la construction rapide du chemin de fer, à l'exécution intégrale de la convention de 1896.

Le chemin de fer français au Yunnan. — On a pu voir, au cours de cette étude, qu'un railway anglais de Kunlon au Yang-Tsé à travers le Yunnan causerait en principe un faible préjudice à une ligne déjà construite d'Haïphong à Yunnan-Sen. Cette constatation agréable ne doit pas être l'unique résultat de la convention franco-chinoise de 1898, et des missions nombreuses qui ont erré de Ta-Li à Hai-Hoa, de Mann-Hao à Sui-Fou. Il convient de sortir, enfin, de la période d'études pour entrer dans celle d'exécution. Les diverses phases par lesquelles est passé le projet de chemin de fer au Yunnan sont trop connues pour qu'il soit nécessaire de les rappeler ici.

On peut simplement regretter que la constitution d'un consortium d'études ait suivi et non précédé : la mission Guillemoto, qui démontra la possibilité de la ligne ; la mission Wiart, qui posa les jalons d'un prolongement vers le Yang-Tsé ; la mission Bellat, qui résolut pratiquement le problème de l'accès au Yunnan. Les officiers et fonctionnaires agissant alors pour le compte du gouvernement de l'Indo-Chine auraient pu être prêtés à ce consortium à la suite d'une entente analogue à celle dont a bénéficié la Burma Railway Company ; ils auraient été considérés dans le pays comme agents d'une société industrielle et commerciale, et non comme des personnes *officielles* préparant par leurs recherches la conquête territoriale du Yunnan. On peut regretter aussi : *la trop grande prudence des sociétés formant le consortium* qui n'ont accueilli qu'avec défiance le rapport Guillemoto ; leurs études particulières qui tiennent peu de compte des études préparatoires, suffisamment complètes cependant ; leur hésitation à lancer l'emprunt de 70 millions consenti par le Parlement français, avec une garantie d'intérêts raisonnable ; leur retard à constituer au Tonkin un centre d'opérations immédiates ; les sommes considérables d'argent et de travail dépensées jusqu'ici sans fruit et qui ont pu faire dire à nos voisins : « Les Français du Yunnan s'agitent, mais n'agissent pas ».

En France, on peut et l'on doit posséder, sur le papier, tous les moindres éléments d'une ligne de 450 kilomètres, depuis le point de départ jusqu'au point d'arrivée ; au Yunnan il n'est pas possible d'établir, sans perte de temps considérable, des prévisions aussi précises. M. le gouverneur général l'avait d'ailleurs ainsi compris quand il manifestait son désir de voir donner le premier coup de pioche au 1er octobre 1899. C'était possible et, nous disait un Américain, commissaire des douanes chinoises à Mong-Tsé, une société américaine l'aurait fait.

Mong-Tsé, dans les conditions présentes, est la porte du Yunnan central et oriental par sa situation dans une vaste plaine, où aboutissent de nombreuses routes, au bord du plateau du Yunnan, à proximité du fleuve Rouge [1]. Une voie ferrée à déclivité maximum de 25/000 la réunissant à Lao-Kay, origine de la ligne concédée, aurait 177 kilomètres de développement, sans tunnels d'une longueur considérable ; elle en aurait 155, en admettant deux tunnels de 700 et 1200 mètres, et une déclivité maximum de 30/000.

La mission Bellat ayant terminé ses travaux sur le terrain aux premiers jours de juin 1899, le chef de la mission du consortium pouvait prendre connaissance de ses levés topographiques et, dans les tracés proposés, choisir la solution convenable. Il était alors possible, avec le nombreux personnel civil et militaire disséminé entre Mong-Tsé et Yunnan-Sen et qu'on aurait réuni entre Mong-Tsé et Lao-Kay, de terminer les études définitives en quatre mois. Les terrassements et travaux d'art pouvaient être entrepris sur tous les points à la fois ; la ligne suivant le fleuve Rouge pendant 70 kilomètres, la pose de la voie pouvait être faite de bout en bout simultanément dans les deux directions Sin-Kay—Lao-Kay, Sin-Kay—Mong-Tsé. Deux années, trois au plus, auraient suffi, dans ces conditions, pour terminer ce travail

---

[1] D'après le Rapport général des douanes chinoises, le mouvement commercial de Mong-Tsé, en 1898, est :

1° *Importations* : 9,226,435 francs, représentant 4,790 tonnes métriques ;
2° *Exportations* : 4,582,729 — — 3,530 —

dont les difficultés ne sont considérables que dans une section de 40 kilomètres. En 1902, le Yunnan central et oriental faisait définitivement partie de notre domaine politique et commercial.

Le problème à résoudre est donc d'arriver pacifiquement à Mong-Tsé; pour diverses raisons, étrangères d'ailleurs à la pénétration anglaise, il importe qu'il soit résolu dans un bref délai, quelle que soit la méthode adoptée. La région qui sépare cette ville de Lao-Kay est déserte et ne se peuplera jamais : le commerce local, dans cette section de 150 kilomètres, sera nul ; notre ascendant est diminué par les incidents de Mong-Tsé et de Yunnan-Sen, demeurés impunis, et par les vexations dont certains groupes d'études ont été victimes ; notre réputation de constructeurs est atteinte par l'échec des tentatives faites pour lancer à Lao-Kay des ponts sur le fleuve Rouge et la Nam-Ty. L'arrivée triomphale de notre première locomotive à Mong-Tsé sera notre revanche, et l'on pourra dès lors considérer la conquête économique du Yunnan comme chose faite ; la population se déclarera convaincue, et le prolongement jusqu'à Yunnan-Sen et au delà s'opérera sans difficulté. Mais il faut avant tout arriver à Mong-Tsé. Les questions de haras, de jardins d'essais, de gares et d'hôpitaux à Yunnan-Sen, qui paralysent aujourd'hui notre action, se résoudront alors toutes seules.

Il est permis d'espérer que la période d'indécision actuelle cessera bientôt. Le consortium français doit être autre chose qu'une expansion désignant une Société civile d'études payées par le gouvernement. Toute nouvelle tergiversation est une faute nouvelle s'ajoutant à celles que nous avons déjà commises dans le Yunnan et que les agents britanniques notent avec soin. Si le Parlement anglais, remettant la pénétration au Sé-Tchouen à une date ultérieure, approuve le projet présenté par la Burma Railway Company, la question du Yunnan sera une question de vitesse. Le trafic de la province appartiendra à celle des deux compagnies rivales qui conduira la première locomotive à Yunnan-Sen. Si les Anglais arrivent avant nous, il nous sera difficile, malgré les multiples avantages de notre établissement au Tonkin, de détourner un mouvement commercial déjà dirigé vers Rangoon. La nouvelle industrie cotonnière qui se crée à Haïphong, et dont les produits formeraient la meilleure part de l'importation au Yunnan, verrait fermer les débouchés sur lesquels elle compte ; le commerce naissant de notre colonie serait mortellement atteint : notre réputation déjà atteinte serait complètement détruite; les contribuables payeraient sans cesse 3 millions de garantie d'intérêt ; l'Indo-Chine française serait définitivement bloquée.

Conclusion. — De tout ce qui précède il semble que l'on peut tirer les conclusions suivantes :

I. — Les projets bruyamment annoncés par la Compagnie anglaise pour la pénétration au Yunnan jusqu'au Yang-Tsé ne paraissent pas très sérieux, le vrai but étant le Sé-Tchouen.

II. — Si nous construisons la ligne française de Yunnan-Sen, et même au delà, dans un bref délai, en ménageant raisonnablement les susceptibilités chinoises, cette ligne n'aura rien à craindre d'une entreprise rivale.

III. — Si le Parlement anglais sanctionne par une garantie d'intérêt la ligne Kunlon—Yang-Tsé, si la Burma Railway Company arrive avant nous à Yunnan-Sen, l'expansion française en Extrême-Orient est irrémédiablement compromise.

Quoi qu'il en soit, les Anglais ont à présent en Birmanie un point de départ bien organisé pour des tentatives de pénétration vers Yunnan-Sen d'une part, vers Ta-Li-Fou et le Sé-Tchouen d'autre part. La ruine du chemin de fer Mandalé—Kunlon, la création d'une barrière politique entre les possessions anglaises et la Chine méridionale permettant d'éloigner des rivaux aussi gênants, assureraient donc à jamais la prospérité, la sécurité de notre domaine indo-chinois.

Paris. — Imprimerie R. Chapelot et Ce, 2, rue Christine.

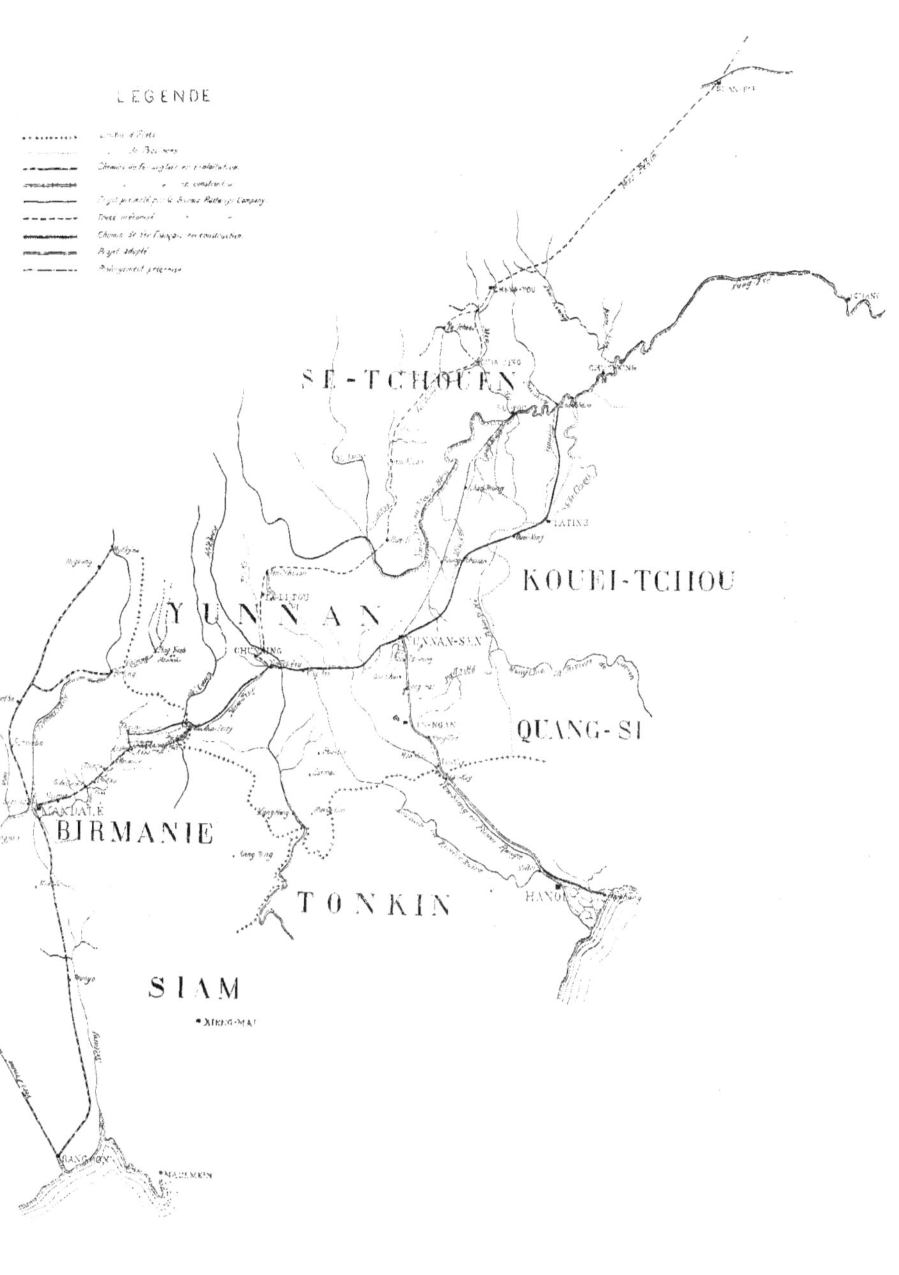
LEGENDE
Projet adopté
SE-TCHOUEN
KOUEI-TCHOU
YUNNAN
YUNNAN-SEN
QUANG-SI
BIRMANIE
MANDALE
TONKIN
HANOI
SIAM
MAULMEIN

PARIS. — IMPRIMERIE R. CHAPELOT ET Ce, 2, RUE CHRISTINE.

www.ingramcontent.com/pod-product-compliance
Lightning Source LLC
LaVergne TN
LVHW021643170726
843501LV00007B/2396
9782329658780